AF313646

HOROGRAPHIE

POPULAIRE.

HOROGRAPHIE

OU

GNOMONIQUE POPULAIRE,

MISE A LA PORTÉE DE TOUT LE MONDE,

Contenant les procédés les plus exacts et les plus faciles pour tracer géométriquement les Cadrans équinoxiaux, les horizontaux, les verticaux et les polaires.

ORNÉE D'UNE GRANDE PLANCHE.

PAR V. CROIZET,

Auteur de la Géodésie-Générale, etc.

Cinquième édition, corrigée et augmentée.

PRIX BROCHÉ : 1 F. 25 C.

PÉRONNE,

Chez CROIZET, Editeur-Propriétaire d'Ouvrages à l'usage du Corps royal des Ponts-et-Chaussées, des Agens-Voyers et des Géomètres.

1843

AVERTISSEMENT.

Ce n'est que par la succession des années et par des travaux, des recherches ou des découvertes progressives, que les sciences sont devenues un tout régulier qui honore l'esprit humain. C'est rendre hommage à la mémoire de quelques hommes doués d'une rare intelligence ou du génie qui crée et surmonte les difficultés, que de rappeler les noms de ces hommes auxquels nous sommes redevables de tant de connaissances utiles, et nous considérons comme un devoir de les désigner ici à la reconnaissance de la postérité, en jetant un coup-d'œil rapide sur la partie géométrique dont nous nous occupons dans cet ouvrage.

L'invention des cadrans solaires est attribuée à Anaximandre (1), de Milet, né vers l'an 620 avant

----

(1) Nous fondant sur les écrits de Pline, on pourrait attribuer cette invention à Anaximène, de Milet, disciple d'Anaximandre. Anaximène succéda à ce dernier, et l'on croit qu'il mourut vers l'an 500 avant l'ère chrétienne.

l'ère chrétienne, successeur de Thalès dans la direction de l'école Ionienne, a attaché son nom aux premiers progrès des sciences. Anaximandre, à qui les sciences mathématiques doivent les cartes géographiques et les horloges solaires, mourut l'an 545 avant l'ère chrétienne.

Mais cette découverte paraît plus ancienne puis qu'il est question d'un de ces instrumens dans la Bible, sous le règne d'Achaz, c'est-à-dire 775 avant l'ère chrétienne (1). Leur usage était déjà connu en Grèce du temps d'Eu-

____

(1) *Voyez* Rois IV, 20, 10.

doxe, mais les Romains ne les connurent que très-tard. Le premier qui parut à Rome fut construit par les soins de Papirius Cursor, 306 ans avant l'ère chrétienne.

Beaucoup d'auteurs ont écrit sur la gnomonique; on doit à Clavius, de Bamberg, un ouvrage très-étendu, dont l'édition publiée en 1708, avec les additions de Sturnius et les méthodes de Picard et de Lahire pour tracer de grands cadrans, est encore ce que nous avons de plus complet sur cette matière. Depuis, Deschalles, Ozanam, Lahire, Wolf, Deparcieux, Rivard, Dom Bedos, Emerson, ont donné des traités de gnomonique plus ou moins détaillés. Delambre en a placé un très-curieux dans son *histoire de l'astronomie ancienne.*

Avant l'introduction des horloges, la construction de ces cadrans était une branche d'industrie et de commerce; elle eût donc ses modes et ses fantaisies; de là une foule de problêmes, plus curieux qu'utiles, pour lesquels nous renvoyons le lecteur aux grands ouvrages spéciaux, nous bornant à présenter ici le tracé et les calculs relatifs aux cadrans les plus généralement employés.

Ce petit ouvrage manquait au peuple et à l'instruction primaire. On aura craint sans doute de ne pouvoir le rendre tel qu'il réunit une foule de procédés exacts et faciles. Il fallait qu'il fût complet, et néanmoins qu'il fut d'un format commode et portatif ; il fallait qu'il ne laissât rien à désirer sous le rapport des tracés géométriques et des démonstrations, et néanmoins qu'il fut à la portée de toutes les bourses.

Ce problême, nous croyons l'avoir résolu.

Qu'on ouvre en effet notre livre, qu'on le parcoure, en suivant les indications et les tracés de la planche, on sera bientôt convaincu qu'il réunit avec un rare bonheur toutes les conditions que nous venons d'énumérer.

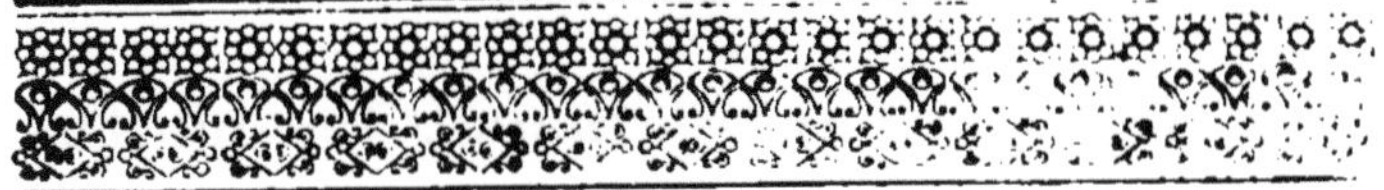

HOROGRAPHIE

POPULAIRE.

INTRODUCTION.

1. L'HOROGRAPHIE est l'art de tracer
les cadrans solaires, et la *gnomonique*
la science du calcul par lequel on par-
vient à tracer les cadrans solaires sur
un plan quelconque, avec la précision
dont le calcul est susceptible. Ce dernier nom est dérivé de *gnomon*, parce

que les Grecs distinguaient les heures par l'ombre du gnomon.

2. On appelle *cadran solaire*, une surface quelconque sur laquelle on décrit un assemblage de lignes, telles que l'ombre d'une verge métallique, implantée dans cette surface, indique l'heure par sa coïncidence avec une de ces lignes. Les lignes du cadran se nomment *lignes horaires*, et la verge métallique prend le nom de *style* ou d'*axe*, parce qu'on la considère comme faisant partie de l'axe du monde, dans la direction duquel elle est toujours placée.

Il est nécessaire, avant de passer à la construction des cadrans, de définir quelques termes et de poser quelques principes qui faciliteront l'intelligence de cette exposition. Les définitions que nous allons donner ici, pourront servir à tout le monde, même à ceux qui sont peu versés dans les mathématiques, et pourront être d'un grand secours à ceux qui les connaissent.

3. Par l'effet du mouvement diurne, le soleil paraît décrire autour de notre axe des arcs de 16 grades 2/3 par heure; concevant maintenant la sphère coupée par 24 plans passant tous par les pôles, et distans entr'eux de 16 grades 2/3, le soleil les atteindra successivement dans des intervalles égaux, et l'on aura un cadran solaire placé au centre de la terre; mais à cause de la grande distance du soleil et de la petitesse de la terre, un point quelconque de la surface peut être considéré, dans ce cas, comme le centre de la sphère; alors, si l'on y transporte le plan et l'axe parallèlement à leur première position, le cadran solaire sera tracé

pour ce lieu. Il résulte de là que *dans tout cadran solaire, le style est situé dans le méridien, et parallèle à l'axe de la terre.*

Puisque le style doit être parallèle à l'axe de la terre, il faut qu'il soit situé dans le plan vertical qui passe par la méridienne, et qu'il fasse avec cette ligne un angle d'un nombre de dégrés égal à l'élévation du pôle au-dessus de l'horizon, ou à la latitude du lieu.

Avant de donner toutes les explications nécessaires pour tracer les cadrans, il faut donner la manière de tracer une méridienne et de trouver la hauteur du pôle ou la latitude du lieu.

CHAPITRE PREMIER.

TRACÉ DE LA MÉRIDIENNE.

4. Parmi les divers moyens de tracer une méridienne, les plus simples sont ceux que nous allons expliquer.

1.º AU MOYEN DU GNOMON.

Elevez, sur un terrain horizontal, un bâton de 5 décimètres de haut, appelé *gnomon*, portant à son extré-

mité supérieure une plaque de fer per-
cée d'un petit trou O (*Fig. 1.re*),
et inclinée un peu à l'horizon. Par ce
trou, faites passer un fil à plomb qui
indiquera sur la terre le pied A d'une
perpendiculaire dont le petit trou O de
la plaque est le sommet. A dix heures
du matin, quand il fait soleil, marquez sur le terrain le point brillant B,
qui se trouve dans l'ombre projetée par
la plaque. Ce point B est fourni par le
petit trou O dont nous avons parlé. Du
pied A de la perpendiculaire AO, indiqué par le filet à plomb, et avec un
rayon terminé au point brillant B, décrivez un arc de cercle BC. Observez,
après midi, l'instant où le centre du
petit trou éclairé O tombe exactement
sur l'arc BC que l'on a tracé. Si l'on
joint par une droite le pied A de la perpendiculaire au milieu M de l'arc BC,

dont les extrémités B et C ont été for-
mées par les deux points lumineux,
avant et après midi, cette droite AM
sera la méridienne cherchée.

Quoique deux ombres égales suf-
fisent pour l'obtenir, on marque dans
la matinée plusieurs points brillans
dont on prend les correspondans après
midi ; chaque point déterminant la méridienne, on obtient ainsi des vérifica-
tions, et on peut en déduire une direction moyenne, quand celles qu'on a
obtenues ne coïncident pas parfaitement.

Nous ferons remarquer que ce moyen,
bien simple, n'est d'une grande exactitude qu'aux mois de juin et de décem-
bre ; il est moins exact dans les autres
mois.

2.ᶜ AU MOYEN DE L'ÉTOILE POLAIRE.

5. Dans les régions situées, comme la nôtre au nord de l'équateur, et encore assez éloignées du pôle, on peut employer à la détermination de la méridienne l'étoile polaire, qui est aisée à trouver quand on connaît la constellation si remarquable nommée la *grande Ourse,* ou le *grand Chariot.* Cette étoile, n'étant pas précisément au pôle, paraît décrire autour de ce point un cercle qui s'en écarte d'un grade 96 minutes 29 secondes. L'on commettrait donc une erreur assez forte, si l'on prenait l'alignement de l'étoile polaire, quand elle se trouve au point le plus oriental ou le plus occidental de son cercle diurne. Il faut, au contraire, tâcher de saisir le moment où elle est dans le méridien,

ce qui lui arrive deux fois en 24 heures, savoir ; une fois au-dessous du pôle , et l'autre fois au-dessous.

On reconnait facilement ces instans , parce qu'alors l'étoile polaire se trouve dans le même plan vertical que la troisième de la queue de la grande Ourse. Pour s'en bien assurer, il faut suspendre un fil à plomb, se placer à quelque distance derrière, et attendre que les deux étoiles soient cachées par ce fil. Il ne s'agit plus alors que de tracer l'alignement indiqué par le fil et l'étoile; c'est ce qu'on peut faire, si l'on a eu l'attention de remarquer dans l'horizon, ou sur quelque objet éloigné, un point qui fût traversé par le fil en même temps que les deux étoiles. Cela fait, laissant en place le fil à plomb, on pourra, au jour, tirer une droite passant par son pied et par le point déterminé comme on vient de le dire, ce sera la méridienne demandée.

Nous avons déjà dit que l'étoile de la grande Ourse ne passait pas précisé-ment au méridien au même instant que l'étoile polaire, donc la ligne que l'on trace de cette manière n'est pas la mé-ridienne vraie. L'étoile polaire passe maintenant 6 minutes 44 à 45 secondes plus tard que la troisième de la queue de la grande Ourse (1); ainsi, lorsque les deux étoiles sont cachées par le fil a plomb élevé sur le point dont on cher-che la méridienne, on attendra encore 6 minutes 45 secondes avant d'arrêter un objet placé dans l'alignement de

____

(1) On peut aussi déterminer, par le calcul, le moment où une étoile passe par le méridien. Consultez à cet égard l'*Astronomie* de Lalande, n.ºs 983 et suivans.

l'étoile polaire qui sera alors dans le méridien. Si c'est une lunette, ou deux fils à plomb qui sont dirigés sur ces deux étoiles, ils restent dans cet état jusqu'au moment où le jour permet de mettre une suite de jalons dans leur direction, qui, aussi, est celle qui va directement vers le nord.

3.° AU MOYEN DU SOLEIL A MIDI VRAI.

6. Si l'on avait une montre bien réglée sur le midi vrai, en observant à la fois et à l'instant de midi précis les deux bords du soleil, et faisant placer un jalon dans la direction de la moitié de l'angle observée, on aurait la ligne méridienne.

Lorsque vous observez le soleil, interposez un verre noire entre l'œil et l'oculaire de la lunette, afin de pouvoir fixer cet astre, et mettez ses deux bords en contact avec le fil vertical ; alors la moitié de l'arc donne la direction du centre du soleil.

Les deux bords du soleil devant être observés au même instant, le secours de deux observateurs est nécessaire.

4.° AU MOYEN DU SOLEIL VERS LE MATIN ET VERS LE SOIR.

7. On peut, le matin, placer un jalon dans la direction de l'un des bords du Soleil, et à pareille distance de midi , le soir (en ayant égard à la déclinaison); faire planter un second jalon dans la direction de l'autre bord de cet astre, la moitié de l'angle compris entre les jalons donnerait aussi la direction méridienne.

CHAPITRE DEUXIÈME.

DÉTERMINATION DE LA HAUTEUR DU POLE.

8. La *hauteur du Pôle* est égale à la latitude du lieu, et sa détermination se réduit à mesurer cette hauteur au-dessus de l'horizon de ce lieu.

Si l'étoile polaire était exactement située au pôle, il suffirait de mesurer sa hauteur pour avoir immédiatement

2.

la latitude, mais comme elle en est éloignée d'un grade 96 minutes 29 secondes, ce n'est qu'à l'aide de ses hauteurs méridiennes qu'on peut trouver le centre du petit cercle qu'elle décrit en 24 heures autour du pôle c'est-à-dire le pôle par lui-même.

En effet, cette étoile passant deux fois au méridien dans le cours d'une révolution diurne, si l'on fait $H = $ la plus grande hauteur méridienne, $h = $ la plus petite $H - h = $ le diamétre du petit cercle décrit par cette étoile.

Conséquemment la hauteur méridienne du pôle ou la latitude du lieu sera :

$$\frac{H + h}{2}.$$

9. Supposons maintenant qu'en mesurant la hauteur du pôle on a trouvé, dans la méridienne, que la plus petite hauteur était de 51 grades 14 minutes et la plus grande de 54 grades 06 minutes 58 secondes, (le n.º 5 indique la manière de determiner le passage d'une étoile quelconque par le méridien) on aura, pour la latitude du lieu ou l'élévation du pôle,

$$\frac{54^{c}06'58''+51^{c}14'}{2} = 52^{c}10'29''.$$

Toutes les étoiles voisines du pôle peuvent également servir pour obtenir la hauteur du pôle, en observant deux passages différens au méridien, cette méthode est la meilleure de toutes celles qu'on emploie dans le problème des latitudes.

CHAPITRE TROISIÈME.

TRACÉ DU CADRAN ÉQUINOXIAL.

10. Procédons maintenant au tracé des cadrans, et commençons par le plus facile, celui du *Cadran équinoxial.*

Ce cadran, simple dans le tracé, est de deux espèces ; l'équinoxial *supérieur* (Fig. 2.) et l'équinoxial *inférieur* (Fig. 3.) ; celui-ci regarde le midi, et l'autre est tourné vers le nord. Voici la manière de tracer l'équinoxial supérieur (Fig. 2.)

Du centre C décrivez une circonférence AFBE, divisez-la en quatre parties égales par les diamètres perpendiculaires AB, EF, et divisez chaque quart de cercle en six parties égales. Chaque angle horaire est par conséquent de 16 grades 2/3.

Cette opération étant faite, tirez les lignes horaires du centre C à chaque point de division, et prolongez-les au-delà du centre jusqu'à l'autre demi-circonférence, par les heures seulement convenables, avant la sixième heure du matin et après la sixième du soir. Ensuite, fixez dans le centre du cercle un style de la hauteur d'environ la moitié du rayon AC, bien perpendiculaire au plan du cadran.

Pour orienter ce cadran, il faut le

mettre en pente, de façon que le point A soit en haut, que la ligne AB soit bien dans le plan du méridien du lieu, et le plan du cadran dans celui de l'équateur, c'est-à-dire qu'il faut que le dessus du cadran qui doit regarder le nord, soit élevé de manière à faire un angle sur l'horizon ou le niveau, égal au complément de l'élévation du pôle. Le cadran étant ainsi disposé, aura son axe parallèle à l'axe de la terre, et son ombre marquera les heures depuis le lever du soleil jusqu'à son coucher depuis l'équinoxe de mars jusqu'à celui de septembre.

11. On trace le cadran équinoxial inférieur (Fig. 3) de la même manière que le supérieur, mais on retranche les heures qui sont avant six heures du matin et celles qui suivent les six heures du soir, parce que l'équinoxial infé-

rieur ne marque que depuis l'équinoxe
de septembre jusqu'à celui de mars
où le soleil ne se lève jamais avant six
heures du matin, et ne se couche jamais après six heures du soir. Il est
clair que l'on a les demi-heures en divisant le cercle en 48 parties, et les
quarts d'heures en le divisant en 96 parties. En dessinant ce cadran sur une
glace, on s'épargne un des deux tracés
des lignes horaires. Le style qui le traverse pourrait, avec quelques atten-
tions, servir pour l'une et l'autre face.
Si l'on voulait que ce cadran donnât
les heures, les jours mêmes des équinoxes, il faudrait adapter à sa circonférence un rebord ou anneau perpendiculaire qui recevrait l'ombre du
style.

CHAPITRE QUATRIÈME.

TRACÉ DU CADRAN HORIZONTAL.

12. Le cadran horizontal est le plus commun dans l'usage ordinaire, parce qu'on peut l'établir commodément sur une fenêtre, sur un piédestal, dans un jardin.

Après s'être assuré que le plan sur lequel vous voulez faire le cadran est parfaitement horizontal ou de niveau, vous y tracez une méridienne EB (Fig. 4.) d'après les moyens donnés plus haut (4 *et suivans*); par un point quelconque A de cette méridienne, faites passer une perpendiculaire CD qui marquera à droite 6 heures du matin, et à gauche 6 heures du soir.

Du point A qui est le centre du cadran, tirez la droite indéfinie AF qui fasse l'angle BAF égal à l'élévation du pôle ou à la latitude du lieu où l'on doit poser le cadran. (Nous prenons ici, pour exemple, la latitude de 38 grades 75 minutes). La ligne AF représente l'axe de la terre auquel l'axe du cadran doit être parfaitement parallèle (3).

Au point *e*, pris à peu près au milieu de la méridienne BE, élevez sur cette dernière, la perpendiculaire *eo ;* du même point *e*, abaissez, sur la droite

AF, la perpendiculaire *ea*, appelée *rayon de l'équateur*, dont vous porterez la longueur de *e* en *u*; à ce point *u*, élevez sur AB, la perpendiculaire indéfinie *uv*; du point *u*, comme centre, et d'un rayon quelconque *uv*, décrivez un quart du cercle *vx*, que vous diviserez en 6 parties égales, pour déterminer des heures, ou en 12, pour avoir les demi-heures.

Par le centre *u* et les points de division *m*, 1", *n*, 2", *r*, 3", *s*, 4", *t*, 5", *c*, tirez les droites *u m*, *u* 1", *un*, *u* 2", *ur*, *u*3", *us*, *u* 4" *ut*, *u*5", *uc*, dont les unes couperont la droite *eo* et les autres, suffisamment prolongées, iront la rencontrer. Par le centre A, origine du style, et par les points *p*, *q*, *h*, *g*, *o'*, etc. déterminés par les intersections et les prolongemens que nous venons d'indiquer, tirez les droites

A p 1, A q 2, A h 3, A g 4, A o' 5, qui iront se terminer au bord de l'anneau destiné à indiquer les heures ; ces lignes horaires sont exactement celles qui indiquent 1 heure, 2 heures, 3 heures, 4 heures, 5 heures, La ligne de 6 heures ne rencontre jamais la droite eo, elle est perpendiculaire à la méridienne.

Les lignes horaires des demi-heures se déterminent de même que celles des heures ; on les trace dans l'alignement du centre A et de chacun des points d'intersection que font les droites um, un, ur, us, ut, uc avec la droite eo.

Quand la surface sur laquelle on construit le cadran est un peu grande, on tire la droite eo un peu plus au nord, ce qui donne une plus longue perpendiculaire ea, et donne par conséquent plus de clarté dans la construction du cadran (1).

Il arrive presque toujours qu'il faut prolonger quelques rayons des divisions du quart du cercle en dehors de la surface du cadran, pour obtenir les lignes horaires les plus proches de la ligne de 6 heures, dans ce cas, qui arrive toujours en traçant un petit cadran, on prolonge, sur quelque chose que l'on fixe à côté de ce qui doit le recevoir, la droite *eo*, par exemple, d'une longueur indéfinie, et les rayons prolongés vont la rencontrer exactement aux points sur lesquels on dirige

(1) On peut consulter le tracé de la figure 5, c'est le même que celui de la figure 3; mais il est plus clair attendu que nous n'avons fait figurer que le tracé des lignes horaires pour les heures. Les lettres indicatives sont les mêmes et n'ont aucun rapport avec les chiffres horaires.

les lignes horaires uy, par exemple, venant du centre A.

Ces lignes horaires étant déterminées de ce côté, on achève le cadran en en construisant de semblables de l'autre côté, et en prolongeant les lignes horaires de 4 heures et de 5 heures du soir pour avoir celle de 4 heures et de 5 heures du matin et les lignes de 7 heures et de 8 heures du matin pour avoir celles de 7 heures et de 8 heures du soir. Les lignes horaires des demi-heures pour le matin et le soir se déterminent par des prolongemens semblables.

Il est évident que le triangle rectangle AFO, que nous avons tracé dans le plan du cadran, devra être relevé perpendiculairement à ce plan, en faisant décrire au sommet F un quart de circonférence autour de AO comme charnière ; toutes les conditions sont alors satisfaites.

On conçoit qu'il n'est point nécessaire de tracer ce cadran sur l'emplacement même qu'il doit occuper, rien n'empêche de le construire dans le cabinet sur une planche de bois ou de cuivre ou sur une ardoise ; il suffit ensuite de l'orienter ; c'est-à-dire de faire en sorte que la droite BE soit bien exactement placée dans la direction de la méridienne. Toutes les lignes ponctuées sont celles dont on s'est servi pour le tracé du cadran, et les autres, celles horaires et d'ornement.

CONSTRUCTION PLUS EXACTE.

13. On sait que les méthodes graphiques conduisent rarement à des résultats bien rigoureux ; on fera toujours mieux ; lorsqu'on voudra une

grande exactitude, d'employer le calcul. Nous allons donner, sans aucune démonstration, la formule la plus simple pour construire les cadrans horizontaux.

Faisant

$L =$ la latitude du lieu,

$A =$ l'angle horaire,

$X =$ l'angle de la ligne horaire avec la méridienne.

On a la formule

$$\text{Sin. } L \times \text{tang. } A = \text{tang. } x,$$

Qui est de la plus grande exactitude possible.

PROBLÈME.

La latitude de Péronne (Somme) étant de 55 grades 48 centigrades on demande l'inclinaison de la ligne horaire de 1 heure ou de 11 heures.

La formule précédente revient à l'expression.

$$\text{Sin. } 55^c\ 48 \times \text{tang. } 16^c\ 67 = \text{tang.} x$$

ou, en calculant par les logarith-mes à

$$\text{Log. sin. } 55^c\ 48 + \text{log. tang. } 16^c\ 67' = \text{log. tang. } x,$$

Nous avons déjà dit (3) que l'angle horaire du cadran équinoxial (10) étant de 16 grades 2/3. Donc, l'angle que la ligne horaire de 1 heure et de 11 heures, fait avec la méridienne, est de 16 grades 2/3 ; celui de 2 heures et de 10 heures est de 33 grades 1/3 ; celui de 3 heures et de 9 heures est de 50 grades ; celui de 4 heures et de 8 heures

est de 66 grades 2/3 ; celui de 5 heures
et de 7 heures est de 93 grades 1/3 ; et
celui de 6 heures pour le matin et le
soir est de 100 grades, c'est-à-dire que
cette ligne horaire fait toujours un angle
droit avec la méridienne.

L'angle que la ligne horaire de 11
heures 1/2 et de 12 heures 1/2 fait avec
la méridienne est par conséquent de 8
grades 1/3 ; celui de 10 heures 1/2 et
de 1 heure 1/2 est de 25 grades, ainsi
de suite. Nous croyons utile de répéter
que ces angles horaires n'existent que
sur le cadran équinoxial et qu'on n'en a
pas besoin dans les opérations qui servent
à déterminer par le calcul les angles
horaires des cadrans horizontaux.

Suivons maintenant la solution de
notre problême, et commençons par
déterminer, par les logarithmes, l'angle que la ligne horaire de 1 heure ou

de 11 heures fait avec la méridienne,
nous aurons

$$\text{Log. sin. } 55^{\text{g}}\ 48 = 9\text{-}8838209$$
$$\text{Log. tang. } 16^{\text{g}}\ 67 = 9\text{-}4281434$$
$$\text{Log. tang. } x = 9\text{-}3119643$$

D'où $x =$ l'angle horaire $= 12^{\text{g}}88'$.

On a l'angle que la ligne horaire
de 2 heures ou de 10 heures fait avec
la méridienne, en faisant encore par
les logarithmes,

$$\text{Log. sin. } 55^{\text{g}}\ 48 = 9\text{-}8838209$$
$$\text{Log. tang. } 33^{\text{g}}\ 33 = 9\text{-}7613869$$
$$\text{Log. tang. } x = 9\text{-}6452078$$

Donc x ou l'angle horaire $= 26^{\text{g}}48'$.

On a encore pour trois heures et neuf heures

Log. sin. 55ᴳ 48 = 9-8838209
Log. tang 50ᴳ = 10-0000000

Log. tang. x = 9-8838209

Donc x ou l'angle horaire = 41 59.

N. B. Cette dernière opération est très-simple, on l'abrège encore eu cherchant dans les tables sans rien établir, la tangente qui correspond au logarithme du sinus de la latitude du lieu.

Pour déterminer la ligne horaire de 4 heures ou de 8 heures, on fait de même

Log. sin. 55ᴳ 48 = 9-8838209
Log. tang. 66ᴳ 67 = 0-2386131

Log. tang. x = 0-1224340

D'où x ou l'angle horaire = 58ᴳ89.

Enfin, poussons ces opérations jusqu'à la dernière que voici, celle qui nous fera connaître l'angle que la ligne horaire de 5 ou de 7 heures fait avec la méridienne.

$$\text{Log. sin. } 55^{c} 48 = 9\text{-}8838209$$
$$\text{Log. tang. } 93^{c} 33 = 0\text{-}9781611$$
$$\overline{\text{Log. tang. } x = 0\text{-}8619820}$$

Donc x ou l'angle horaire $= 91^{c}31$.

Voici les angles que font les lignes horaires d'un cadran horizontal pour la latitude de Péronne (*Somme*).

MATIN.		SOIR.		ANGLES.
11 heures.		1 heure.		12^{c}88.
10	*id.*	2	*id.*	26^{c}48.
9	*id.*	3	*id.*	41^{c}59.
8	*id.*	4	*id.*	58^{c}89.
7	*id.*	5	*id.*	91^{c}31.

Nous ne donnerons pas d'exemple sur la détermination des lignes horaires pour les demi-heures, les quarts d'heures, etc., attendu que ce sont toujours les mêmes opérations.

N. B. Voyez les tableaux pages **68** et **69**, donnant les angles horaires des cadrans horizontaux de toute la France, de quart d'heure en quart d'heure.

CHAPITRE CINQUIÈME.

TRACÉ DES CADRANS VERTICAUX.

14. On donne le nom de *cadran vertical* à tout cadran décrit sur une surface plane perpendiculaire au plan de l'horizon. Ce cadran prend divers noms, selon la direction de son intersection avec l'horizon. On le nomme *vertical méridional*, lorsqu'il regarde exactement le midi; *vertical septentrio-*

nal lorsqu'il regarde exactement le nord ; *vertical oriental* lorsque sa face regarde le levant; *vertical occidental* lorsqu'il regarde le couchant ; et *vertical déclinant* lorsqu'il fait un angle quelconque avec le plan du premier vertical. Nous allons donner la construction de ces divers cadrans.

CADRAN MÉRIDIONAL.

15. Ce cadran ne peut marquer que depuis six heures du matin jusqu'à six heures du soir, et cela a lieu au temps des équinoxes. Le tracé ne diffère de celui du cadran horizontal (Fig. 4.) qu'en ce qu'on fait l'angle BAF (Fig. 5.) égal au *complément* de la latitude du lieu. On trouve ce complément en retranchant la latitude de 100 grades ; ainsi pour construire un cadran pour Péronne, par exemple, dont la latitude

est de 55 grades 48 centigrades, il faut faire, comme sur la figure, l'angle BAF de 100 grades moins 55 grades 48 centigrades, c'est-à-dire de 44 grades 52 centigrades.

Quant à l'intersection du méridien avec le cadran on voit qu'elle est toujours AB, et qu'il faut renverser les heures, c'est-à-dire mettre 11 heures à la place de 1 heure, 10 heures à la place de 2 heures, etc. et réciproquement. Le côté B est le bas de ce cadran vertical; nous n'en dirons pas davantage sur cette construction qui se démontre comme la précédente.

On peut donc dire *qu'un cadran vertical méridional pour un lieu donné, n'est autre chose qu'un cadran horizontal tracé pour une latitude complémentaire,*

Enfin nous terminons cet article en disant qu'après l'équinoxe d'automne, le soleil éclaire la face méridionale de ce cadran pendant tout le temps qu'il est sur l'horizon ; mais il se lève après six heures et se couche avant. Ce qui fait que l'on ne trace pas les lignes horaires de quatre à cinq heures du matin ni celles de sept et huit heures du soir. Après l'équinoxe du printemps, le soleil se lève avant six heures, mais il commence par éclairer la face nord de ce cadran, et il est toujours plus de six heures lorsque ses rayons parviennent à la face méridionale, comme aussi le soir il cesse d'éclairer cette dernière avant six heures.

CADRAN SEPTENTRIONAL.

16. Le cadran septentrional (Fig. 6.) est celui que l'on décrit sur un mur ou plan directement tourné vers le nord, il est opposé du vertical méridional ; sa

construction est semblable au cadran de la figure 5 ; donc, en renversant et tournant de haut en bas un cadran vertical méridional, on aurait le vertical septentrional. L'axe alors serait dans sa vraie position, et les angles horaires seraient les mêmes, mais il faudrait prolonger au-delà du centre, les lignes horaires de sept et de huit heures du soir, pour avoir les sept et huit heures du matin, et prolonger aussi au-delà du centre les quatre et cinq heures du soir, pour avoir les quatre et cinq heures du matin.

La figure 6 représente un cadran septentrional construit pour la latitude de Péronne, d'après les procédés détaillés plus haut (13 *et* 14), et que nous ne détaillerons plus ici ; sa disposition est mieux que celle du cadran méridional, renversé ; parce que le centre est au milieu de l'espace qu'il occupe ; ce cadran peut être placé avec un fil à plomb qui coïncide avec le méridien BE ; il est évident que les angles horaires à droite de CD sont semblables à ceux à gauche de cette même ligne ; donc, les bords B et E de ce cadran peuvent être indistinctement placés pour le haut.

Ce cadran ne peut être éclairé que lorsque le soleil est dans la partie septentrionale du monde, c'est-à-dire depuis l'équinoxe du mois de mars jusqu'à celui du mois de septembre ; c'est à ce sujet que l'on ne trace que les 4, 5, 6, 7, 8 heures du matin, et les 4, 5, 6, 7, 8 heures du soir ; celles du matin sont à la droite de celui qui regarde le cadran, et les heures du soir à la gauche.

L'axe de ce cadran doit être posé sur

la méridienne ou la ligne horaire de minuit, et regarder en haut. Pour mieux concevoir la situation de cet axe, imaginez que celui qui est planté sur le cadran vertical méridional, traverse totalement le plan du cadran, et a autant de saillie du côté du nord que du côté du midi. Cette disposition de l'axe sera celle du cadran septentrional : cet axe est supposé prolongé à l'infini vers le midi et du côté du nord.

Enfin, telle doit être la situation des axes de tous les cadrans.

CADRAN ORIENTAL.

17. Le plan de ce cadran se confond avec celui du méridien, et contenant l'axe il ne peut recevoir son ombre ; cet axe est établi en dehors et parallèle au plan.

Soit donc pris à volonté un point A

(Fig. 7.) ; menez d'abord dans le plan une horizontale indéfinie AB, et en-suite une droite AG qui fasse avec celle-ci un angle égal au complément de la latitude du lieu, (à la latitude de Pé-ronne, par exemple). D'un point quel-conque A élevez sur AG une perpen-diculaire AD, elle représentera l'axe du monde. Au point R au milieu de AD élevez un faux-style ou *porte-style* d'une longueur de quelques centimètres et à son extrémité fixez le vrai style en l'inclinant parallèlement à AD.

Ceci posé, prenez AD égale à la longueur du porte-style, et par le point D menez G'F, parallèle a EG, ce sera l'équinoxial. Du point A comme centre avec AD pour rayon, décrivez une par-tie de circonférence *a*D*b*, dont vous diviserez le quart entier en douze par-ties égales (Cette division donne les lignes horaires des demi-heures, on obtient que celles des heures en divisant le quart de cercle seulement en six parties égales), et par chaque point de division menez un rayon que vous prolongerez jusqu'à sa rencontre avec l'équinoxial G'F. Par tous les points ainsi trouvés sur l'équinoxial, menez des droites (pour les heures et des parties de droite pour les demi-heures) parallèles à AD, ces droites seront les lignes horaires demandées. On voit que AD est la ligne de six heures, c'est-à-dire qu'il est six heures du matin lorsque l'ombre du style coïncide avec AD. Il est facile d'après cela de connaître quelles sont les heures et les demi-heures indiquées pour les autres lignes. Les lignes horaires de quatre et cinq heures du matin sont construites par les divisions d'un autre quart de cercle ou par l'imitation des lignes horaires de sept et huit que l'on trouve à gauche de AD.

Ce cadran ne peut marquer les heures que depuis le matin au lever du soleil jusqu'à 11 heures 3/4 et quelques minutes. Si l'on veut y marquer les quarts d'heures ou les demi-quarts, on divisera chaque quart de cercle en 24 ou en 48 parties égales, dont on marquera les points horaires sur l'équinoxial comme il a été dit plus haut.

CADRAN OCCIDENTAL.

18. Le cadran occidental est précisément le même que le précédent, mais dans une situation opposée ; il ne marque les heures que depuis une heure jusqu'au coucher du soleil, ce sont les heures 1, 2, 3, 4, 5, 6, 7, 8, qu'il

faut successivement mettre à la place de 11, 10, 9, 8, 7, 6, 5, 4.

La figure 8 représente un cadran occidental construit pour la latitude de Péronne et d'après la marche que nous venons de démontrer. Enfin l'on peut suivre la construction de l'une ou de l'autre de ces deux dernières figures; nous avons, pour cela, indiqué les tracés par des lettres semblables.

N. B. La droite AH suffisamment prolongée doit, dans l'une et l'autre de ces deux dernières constructions, rencontrer l'équinoxial GF, en un point qui sera celui où doit être tirée la ligne horaire de 11 heures 1/2.

CADRAN VERTICAL DÉCLINANT.

19. Nous allons donner la construction graphique de ce cadran, attendu que c'est celui que l'on construit le plus

communément sur les murailles. Un plan décline à l'est ou à l'ouest, lorsque l'ombre d'une verge perpendiculaire au plan, à 12 heures à midi tombe à droite ou à gauche de la verticale abaissée de son pied sur le plan.

Pour construire ce cadran vertical déclinant, plantez en un point quelconque I du plan (Fig. 9.) un faux style ; à 12 heures précises, marquez sur ce plan l'extrémité de l'ombre du faux style ; par ce point ainsi marqué, tracez une ligne verticale AM qui sera la méridienne du cadran. Par le point I menez BI parallèle à cette méridienne, et donnez-lui une longueur égale à celle du faux style ; menez par ce même point I une horizontale terminée en C, par la rencontre de AM, et joignez BC. L'angle en B sera la déclinaison du plan donné.

Cela déterminé, prolongez l'horizontale CI au-delà de la méridienne, d'une quantité CD égale à BC ; au point D faites un angle CDA égal à la latitude du lieu, à 55 grades 48 centigrades, par exemple. Le point d'intersection A sur la méridienne sera celui où doit être planté le vrai style, en ayant soin de l'incliner jusqu'à ce qu'il s'appuie sur le bout du faux style.

A l'extrémité D de la droite AD élevez une perpendiculaire DM qui coupera la méridienne AM en un autre point M, par les points A et I faites passer une droite appelée *sous-stylaire*, et par le point M menez-lui une perpendiculaire indéfinie MN, qui sera l'équinoxiale. Du point M, et avec un rayon égal à DM, coupez le prolongement de AI en un point E, et joignez ME. Du point E et avec la plus courte distance de ce point à l'équinoxial MN, tracez une partie de circonférence que vous diviserez en arcs de 16 grades 2/3, à compter du point où elle est coupée par ME, et faites passer, par tous les points de division, les rayons que vous prolongerez jusqu'à la rencontre de l'équinoxiale. Enfin, par les points d'intersection que ces rayons prolongés font avec l'équinoxiale MN, et par le point A, place du vrai style, menez les droites qui seront les lignes horaires, et qu'il sera facile de numéroter convenablement. On voit que les rayons F, G, H rencontreraient l'équinoxiale, s'ils étaient suffisamment prolongés, aux points sur lesquels doivent être dirigés les lignes horaires de sept et huit heures après midi, et de neuf heures du matin. Il est évident que l'on aurait les lignes horaires des demi-heures, en divisant en deux également les arcs de 16 grades 2/3, comme nous l'avons déjà fait plusieurs fois dans cet ouvrage.

Cette construction suppose que le plan donné est éclairé par le soleil à midi. Quand cela n'est pas, voilà ce qu'il faut faire :

Déterminez la déclinaison du plan sur lequel vous voulez tracer le cadran, avec une boussole carrée appelée *déclinatoire* ou avec une méridienne horizontale ; au point I plantez le faux style perpendiculairement à ce plan ; par ce même point I menez une verticale IB de la longueur du faux style et au point B faites un angle égal à la déclinaison trouvée, mais du côté vers lequel le plan décline. Le second côté de cet angle se terminera à l'horizontale CI. Menez par le point C déterminé sur le plan, une verticale indéfinie, qui

4.

sera la méridienne du cadran ; prolongez l'horizontale CI au-delà de la méridienne, d'une quantité CD égale à BC, et continuez comme dans le cas précédent.

Quant au point central A, où le vrai style doit être adapté, il se trouvera au-dessous de l'horizontale DI et se dirigera de bas en haut, en passant toujours par l'extrémité du faux style ; enfin, tout le reste de la construction se fera au-dessus du point I au lieu de se faire au-dessous.

CHAPITRE SIXIÈME.

TRACÉ DU CADRAN POLAIRE.

20. Le *cadran polaire* est une espèce de cadran incliné. S'il regarde le ciel, on le nomme *polaire supérieur*, et s'il regarde la terre, *polaire inférieur*. Son

plan est parfaitement parallèle à l'axe de la terre, il ne peut jamais marquer les six heures du matin ni du soir, parce qu'alors l'ombre de son axe ou son style étant parallèle au plan du cadran, elle ne peut pas le rencontrer. Ce cadran n'a point de centre et les heures sont parallèles entre elles et à l'axe de la terre.

Pour construire le cadran polaire supérieur (Fig. 10.) tracez une droite FG parallèle à l'horizon et menez par le point E, milieu de FG, la droite CED perpendiculaire à FG, et donnez une distance quelconque entre les deux parallèles FG, F'G'.

Ensuite, suivant la longueur que vous voulez donner au cadran, choisissez le point D, duquel, comme centre, prenant pour rayon DE, décrivez une demi-circonférence AEB que vous diviserez en 24 parties égales pour avoir des lignes horaires pour les demi-heures, et du point D vous menerez des lignes par chaque point de division de la demi-circonférence, et les prolongerez jusqu'à la droite FG, sur laquelle vous aurez les points horaires. Tirez sur ces points horaires des droites parallèles à CE, qui seront les lignes horaires des heures et des demi-heures. Si les rayons prolongés H,I, rencontraient FG également prolongés, les deux points d'intersection seraient respectivement ceux de 7 heures 1/2 et 5 heures 1/2. En divisant encore en deux tous les angles de la demi-circonférence AEB, on connaîtra facilement les points des quarts d'heure.

Enfin pour orienter ce cadran polaire supérieur on fera coïncider sa ligne méridienne CE avec le méridien du lieu, de sorte que le côté FF' regarde l'occident, et le côté GG' l'orient. Il faut que le côté FEG soit plus élevé que celui F'G' en sorte que le plan du cadran fasse avec l'horizon un angle égal à l'élévation du pôle ou à la latitude du lieu, et qu'il soit bien de niveau de l'orient à l'occident. Le cadran polaire inférieur s'oriente de même.

Le cadran polaire inférieur marque les heures du matin jusqu'à six heures, et les heures du soir depuis six heures jusqu'au coucher du soleil ; donc l'on ne conserve que les heures 7 et 8 du matin et 4 et 5 heures du soir, qui deviennent les heures 7 et 8 du soir et 4 et 5 du matin en retournant le cadran.

Nous ne parlerons pas des *cadrans inclinés déclinants ;* c'est le cas le plus compliqué et cependant le plus général de la gnomonique plane, et nous sommes forcés de renvoyer nos lecteurs aux traités spéciaux, non-seulement pour ce qui concerne ces cadrans, mais encore pour beaucoup de détails de la gnomonique dans lesquels nous n'avons pu entrer.

*Angles que les lignes horaires des cadrans horizon-
taux du nord de la France font avec la méridienne.*

HEURES correspond.^{tes}	ANGLES pour A.		ANGLES pour B.		ANGLES pour C.		ANGLES pour D.		ANGLES pour E.	
H. M.	D.	M.	D.	M.	D.	M.	D.	M.	D.	M.
0 15	2	29	2	32	2	35	2	38	2	40
0 30	4	59	5	05	5	11	5	16	5	22
0 45	7	30	7	39	7	48	7	56	8	04
1 »	10	04	10	16	10	27	10	38	10	49
1 15	12	40	12	55	13	09	13	23	13	37
1 30	15	21	15	38	15	55	16	11	16	27
1 45	18	06	18	34	18	45	19	04	19	23
2 »	20	56	21	18	21	40	22	02	22	23
2 15	23	53	24	18	24	42	25	06	25	29
2 30	26	57	27	24	27	51	28	16	28	41
2 45	30	09	30	39	31	07	31	35	31	59
3 »	33	32	34	03	34	32	35	02	35	30
3 15	37	04	37	36	38	08	38	38	39	07
3 30	40	49	41	22	41	54	42	25	42	54
3 45	44	46	45	19	45	51	46	22	46	52
4 »	48	56	49	29	50	01	50	34	51	04
4 15	53	21	53	53	54	23	54	52	55	24
4 30	57	59	58	29	58	58	59	25	51	59
4 45	62	53	63	19	63	45	64	10	64	33
5 »	67	59	68	22	68	44	69	05	69	25
5 15	73	18	73	36	73	53	74	09	74	25
5 30	78	46	78	58	79	10	79	22	79	33
5 45	84	21	84	28	84	34	84	40	84	45
6 »	90	»	90	»	90	»	90	»	90	»

Angles que les lignes horaires des cadrans horizontaux du midi de la France font avec la méridienne.

HEURES correspond.^{tes}		ANGLES pour F.		ANGLES pour G.		ANGLES pour H.		ANGLES pour I.		ANGLES pour J.	
H.	M.	D.	M.	D.	M.	D.	M.	D.	M.	D.	M.
0	15	2	43	2	46	2	49	2	51	2	54
0	30	5	27	5	33	5	38	5	43	5	49
0	45	8	13	8	20	8	28	8	36	8	45
1	»	11	»	11	11	11	24	11	31	11	41
1	15	13	50	14	03	14	16	14	28	14	41
1	30	16	43	16	59	17	14	17	29	17	43
1	45	19	41	19	59	20	16	20	33	20	50
2	»	22	43	23	04	23	23	23	42	24	»
2	15	25	51	26	14	26	35	26	56	27	16
2	30	29	06	29	30	29	53	30	16	30	38
2	45	39	28	32	53	33	18	33	42	34	05
3	»	35	57	36	24	36	50	37	15	37	39
3	15	39	31	40	03	40	30	40	56	41	21
3	30	43	23	43	51	44	18	44	44	45	10
3	45	47	21	47	49	48	16	48	42	49	07
4	»	51	29	51	49	52	22	52	48	53	12
4	15	55	47	56	13	56	38	57	02	57	25
4	30	60	16	60	40	61	03	61	25	61	46
4	45	64	55	65	17	65	37	65	57	66	15
5	»	69	44	70	02	70	19	70	35	70	51
5	15	74	40	74	54	75	08	75	21	75	33
5	30	79	43	79	53	80	02	80	11	80	22
5	45	84	50	84	55	85	»	85	05	85	09
6	»	90	»	90	»	90	»	90	»	90	»

Explication des Tableaux précédens.

Ces tableaux ne contiennent que les angles horaires de l'après-midi, depuis 12 heures jusqu'à 6 heures ; mais il est facile de voir que ces mêmes angles sont aussi ceux de l'avant-midi, depuis 6 heures jusqu'à 12 heures. Quant aux heures avant 6 heures du matin et après 6 heures du soir, on les détermine par le prolongement des lignes des angles horaires correspondans à partir de 8 heures du matin et de 4 heures du soir.

Colonne A. Ajaccio.

Colonne B. Foix, Perpignan, Bastia.

Colonne C. Pau, Auch, Tarbes, Toulouse, Alby, Carcassonne, Montpellier, Nismes, Avignon, Marseille, Draguignan.

Colonne D. Bordeaux, Agen, Montauban, Cahors, Rodez, Aurillac, Mende, Privas, Valence, Gap, Digne.

Colonne E. Angoulême, Périgueux, Limoges, Tulle, Le Puy, Clermont, Montbrisson, Lyon, Grenoble.

Colonne F. Bourbon-Vendée, La Rochelle, Niort, Poitiers, Châteauroux, Guéret, Moulins, Nevers, Macon, Lons-le-Saulnier, Bourg.

Colonne G. Vannes, Nantes, Angers, Tours, Blois, Orléans, Bourges, Auxerre, Dijon. Vésoul, Bésançon.

Colonne H. Quimper, St.-Brieuc, Rennes, Laval, Alençon, Le Mans, Chartres, Versailles, Paris, Melun, Troyes, Châlons-sur-Marne, Chaumont, Nancy, Epinal, Bar-le-Duc, Colmar, Strasbourg.

Colonne I. St.-Lô, Caen, Evreux, Rouen, Beauvais, Amiens, Laon, Méziéres, Metz.

Colonne J. Boulogne, Lille, Arras.

FIN.

TABLE

DES MATIÈRES.

FIN DE LA TABLE.

Amiens.— Imp. de Duval et Herment.

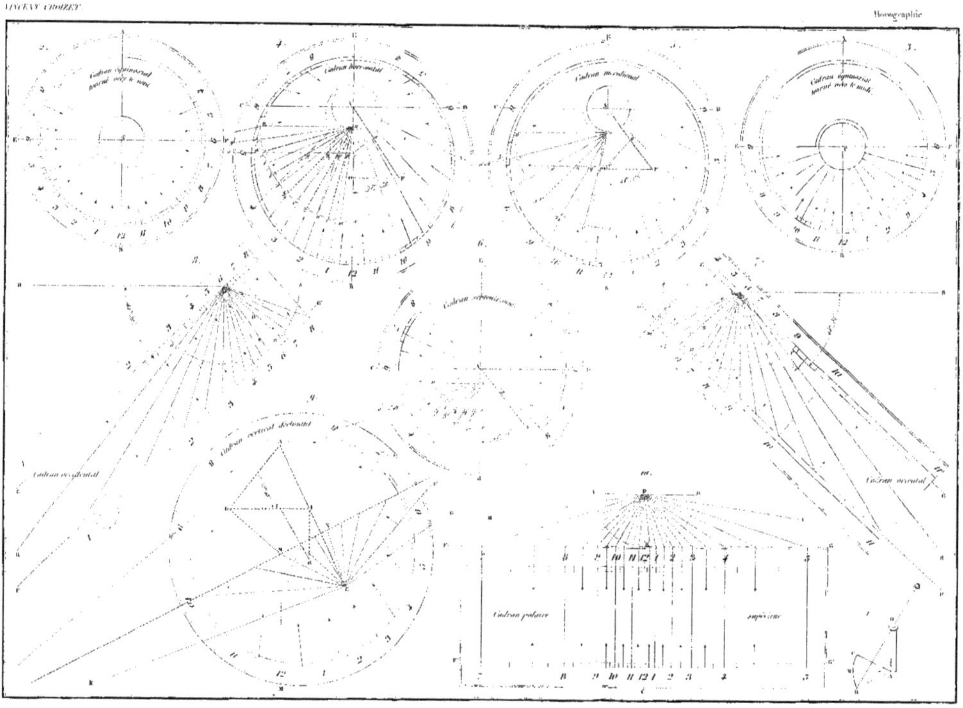

Cadran équinoxial tourné vers le soir
Cadran horizontal
Cadran méridional
Cadran équinoxial tourné vers le midi
Cadran occidental
Cadran oriental
Cadran sphéroïdique
Cadran vertical déclinant
Cadran polaire
supérieur